BEI GRIN MACHT SICH IHR WISSEN BEZAHLT

- Wir veröffentlichen Ihre Hausarbeit,
  Bachelor- und Masterarbeit

- Ihr eigenes eBook und Buch -
  weltweit in allen wichtigen Shops

- Verdienen Sie an jedem Verkauf

Jetzt bei www.GRIN.com hochladen
und kostenlos publizieren

Charlotte Seeger

Rolle und Funktion literarischer Natur- und Landschaftsbeschreibungen. Ein Vergleich zwischen Goethes „Leiden des jungen Werther" und Maupassants „Une Vie"

GRIN Verlag

Bibliografische Information der Deutschen Nationalbibliothek:

Die Deutsche Bibliothek verzeichnet diese Publikation in der Deutschen National-
bibliografie; detaillierte bibliografische Daten sind im Internet über http://dnb.d-
nb.de/ abrufbar.

Impressum:

Copyright © 2011 GRIN Verlag GmbH
Druck und Bindung: Books on Demand GmbH, Norderstedt Germany
ISBN: 978-3-656-40703-4

Dieses Buch bei GRIN:

http://www.grin.com/de/e-book/212354/rolle-und-funktion-literarischer-natur-und-
landschaftsbeschreibungen

GRIN - Your knowledge has value

Der GRIN Verlag publiziert seit 1998 wissenschaftliche Arbeiten von Studenten, Hochschullehrern und anderen Akademikern als eBook und gedrucktes Buch. Die Verlagswebsite www.grin.com ist die ideale Plattform zur Veröffentlichung von Hausarbeiten, Abschlussarbeiten, wissenschaftlichen Aufsätzen, Dissertationen und Fachbüchern.

Besuchen Sie uns im Internet:

http://www.grin.com/

http://www.facebook.com/grincom

http://www.twitter.com/grin_com

Inhaltsverzeichnis

1. Einleitung

Natur- und Landschaftsbeschreibungen in literarischen Werken werden von der Literaturwissenschaft nicht immer mit großer Achtung bemessen.[1] Dass aber die Darstellung von Landschaft und Natur mehr erfüllt, als einen dekorativen Zweck, zeigt sich vor allem in Werken, in denen die literarische Visualisierung eine besondere Stellung im Werk einnimmt. Die beiden Romanwerke, die in dieser Arbeit behandelt werden, eignen sich besonders gut für die Betrachtung von literarischer Visualiät. Sowohl Johann Wolfgang von Goethes „Leiden des jungen Werther", als auch Guy de Maupassants „Une Vie" beinhalten zahlreiche literarische Visualisierungen, vor allem in der Darstellung von Natur- und Landschaftsbildern.

Ob diese Art von visuellen Darstellungen nun tatsächlich als literarisch visuell bezeichnet werden können, soll eine dieser Arbeit zugrundeliegende Fragestellung sein. Zudem sollen Überlegungen getroffen werden, unter welcher Definition von „literarischer Visualität" beide Werke gehandelt werden könnten. Handelt es sich hierbei um eine eher weitgefasste Verwendung des Begriffs, der besagt, dass eine starke Konzentration auf der Darstellung visuell wahrnehmbarer Objekte liegen und diese mit einer bestimmten Funktion für die Handlung verknüpft sein muss? Oder sollte das literarisch Visuelle selbst im Test rezipiert werden und der literarischen Beschreibung eine gewisse Visualitätskritik zu Grunde liegen, um sie der „literarischen Visualität" zuordnen zu dürfen? Diese Fragen sollen folgend erörtert werden.[2]

Die Funktionen der Natur- und Landschaftsbeschreibungen in Goethes „Leiden des jungen Werther" und Maupassants „Une Vie" sollen hierbei im Mittelpunkt stehen, mit dem Ziel die Rolle der Natur und der Landschaft für den Handlungsverlauf und die Charakterisierung der Protagonisten herauszuarbeiten. Anhand verschiedener thematischer Ausgangspunkte soll die Wichtigkeit der Natur- und Landschaftsdarstellung für den inneren und äußeren Verlauf beider Romane herausgestellt und die Signifikanz dieser für die Deutung der Hauptcharaktere bewiesen werden.

---

1 Vgl. Poppe, Sandra: Visualität in Literatur und Film. Eine medienkomparatistische Untersuchung moderner Erzähltexte und ihrer Verfilmungen. Göttingen: Vandenhoeck & Ruprecht, 2007. S. 317.
2 Vgl. Seeger, Charlotte: Protokoll vom 14.06.2011. In: Hauptseminar Literarische Visualität, Sommersemester 2011.

2. Die Ambivalenz der Natur als Parallele zu Werthers Leidensweg

2.1. Der Jahresrhythmus im Verhältnis zu Werthers seelischer Verfassung

Die Tages- und Jahreszeiten, die im Verlauf des Romans in Werthers Briefen literarisch wiedergegeben werden, dienen nicht lediglich zur Markierung von Tempus und Locus, sondern spielen daneben eine noch viel wichtigere Rolle. Sie haben eine projektive Funktion. Sie fungieren als Stimmungsträger seiner Gefühlswelt. Dabei beschreibt er stets die Jahres-/ Tageszeit, die seiner Stimmung am ehesten entspricht. Daher dominieren im ersten Buch die hellen Morgen- und Mittagsstunden, meist in der Frühlings- oder der Sommerzeit. Im zweiten Buch sind es dagegen eher die Herbst- und Winterlandschaften, die Erwähnung finden und Werther dabei stets Abende, Sonnenuntergänge oder Nächte in seinen Briefen erfasst.[3]

> „'Ich werde sie sehen!', ruf ich morgens aus, wenn ich mich er-
> muntere und mit aller Heiterkeit der Sonne entgegenblicke; [...]"[4]

Der Sonnenaufgang des 19. Juli 1771 versinnbildlicht einen positiven Neuanfang und wirkt sowohl revitalisierend, als auch erfrischend auf Werther. Aus seinen Worten spricht die absolute Vorfreude, Lotte wieder sehen zu dürfen, vor allem aus den Beschreibungen der Morgensonne.[5] Seine glücklichen Tage werden also stets mit von Licht und Hoffnung durchdrungenen Eindrücken in Verbindung gebracht und so werden zumeist helle Morgenstunden oder Sonnenaufgänge Teil seiner Glücksdarstellung.[6] Genau wie die pantheistischen Naturbeschreibungen, die er in seinem Brief vom 10. Mai 1771 in Worte zu fassen sucht, fallen diese frohen Tage allesamt in die Zeit des Frühlings und des Sommers. Dabei durchdringt eine „wunderbare Heiterkeit"[7] sein Innerstes und er genießt den sonnigen Frühlingsmorgen in freier Natur. Der ungezähmten Natur kommt Werthers besondere Ehrerbietung zu. Er versucht vollkommen in ihr aufzugehen und seine visuellen Eindrücke zu Papier zu bringen.

---

3 Vgl. Duesberg, Peter: Idylle und Freiheit. Ein Entwicklungsmodell der frühromantischen Landschaft in der Wechselwirkung von äußerer und innerer Natur. Frankfurt am Main u.a.: Peter Lang-Verlag, 1996. S. 224.
4 Goethe, Johann Wolfgang von: Die Leiden des jungen Werther. Husum: Hamburger Lesehefte-Verlag, 2007. S. 33. Z. 25-26.
5 Vgl. Duesberg, 1996. S. 225.
6 Vgl. Müller-Salget, Klaus: Zur Struktur von Goethes <Werther>. In: Goethes <Werther>. Kritik und Forschung. Hg. v. Hans Peter Herrmann. Darmstadt: Wissenschaftliche Buchgesellschaft, 1994. S. 326.
7 Goethe, 2007. S. 6. Z. 29.

Er beginnt mit der Beschreibung eines Makrokosmos, also der Schilderung des Tals und der Sonne, geht dann über zu den Gräsern, bis er schließlich mit den kleinsten Lebewesen, der Darstellung eines Mikrokosmos, den Kreis der Schöpfung schließt.[8]

> [...] wenn ich das Wimmeln der kleinen Welt zwischen Halmen, die unzähligen, unergründlichen Gestalten der Würmchen, der Mücken näher an meinem Herzen fühle und fühle die Gegenwart des Allmächtigen [...] dann sehne ich mich oft und denke: Ach könntest du das wieder ausdrücken, könntest du dem Papier das einhauchen, was so voll, so warm in dir lebt [...].[9]

Die Einleitung der Sätze mit den Konjunktionen „wenn" und „dann" symbolisieren dabei den Wunsch, die Natur ganz zu erfassen und artistisch umschreiben zu können.[10] Mit dieser Dynamik wird Spannung erzeugt, die mit dem stets wiederkehrenden Aufschwingen der Sätze eine Endlosigkeit des Satzes erreicht, die Werthers Sehnsucht nach etwas Utopischen, der pantheistischen Entrückung in die Ewigkeit des Göttlichen, anklingen lässt.[11]

Doch kann ihm dies nicht vollends gelingen. Werthers Probleme klingen also bereits in einem Brief an, der eigentlich sein positives Gefühl darstellt, welches durch die Schönheit der Natur belebt wird. Er möchte sie nicht nur visuell erleben, sondern auch künstlerisch rezipieren. Im Anklingen des Todesthemas wird also das Bild des Scheiterns bereits zu Anfang des Romans eingeleitet. Er kann das, was er visuell aufnimmt nicht mimetisch in Worte und in Bilder fassen, er kann die Natur also nicht adäquat rezipieren.[12] Hierbei lässt sich bereits eine leise Wahrnehmungskritik feststellen. Die Unmöglichkeit der präzisen Wiedergabe seines visuellen Eindrucks macht Werther unzufrieden, obwohl ihm bewusst sein müsste, dass eine direkte Übertragung des Betrachteten in künstlerische Produktivität nicht möglich ist.

> „Aber ich gehe darüber zugrunde, ich erliege unter der Gewalt der Herrlichkeit dieser Erscheinungen."[13]

---

8 Vgl. Hauger, Brigitte: Individualismus und aufklärerische Kritik. Johann Wolfgang von Goethe: Die Leiden des jungen Werther. Friedrich Nicolai: Freuden des jungen Werthers. Stuttgart: Klett-Verlag, 1987. S. 24-25.

9 Goethe, 2007. S. 7. Z. 29.

10 Vgl. Brown, Robert: Nature's hidden terror. Violent nature imagery in eighteenth-century Germany. Columbia: Camden House-Verlag, 1952. S. 83.

11 Vgl. Hein, Edgar: Johann Wolfgang von Goethe. Die Leiden des jungen Werther: Interpretation. 2. Auflage. München: Oldenbourg, 1997. [Oldenbourg Interpretationen; Bd. 52]. S. 66-67.

12 Vgl. Hauger, 1987. S. 25.

13 Goethe, 2007. S. 7. Z. 13-14.

Die von Werther beschriebenen Landschaften können somit als Projektionen seiner Seele definiert werden. In seiner freudigen Gemütsverfassung zu Beginn des Romans werden die positiven Seiten der Natur besonders herausgehoben, doch wird auf Grund seines utopischen Strebens nach einer mimetischen Wiedergabe der Natur, das Scheitern seines Vorhabens bereits in diesem fröhlich gehaltenen Brief eingeführt.[14]

Der Brief vom 18. August 1771 scheint eine Art Übergangsphase in Werthers Gefühlswelt zu markieren.

> Musste denn das so sein, dass das, was des Menschen Glückseligkeit macht, wieder die Qual seines Elendes würde? Das volle warme Gefühl meines Herzens an der lebendigen Natur, das ich mit so vieler Wonne überströmte, das ringsumher die Welt mir zu einem Paradiese schuf, wird mir jetzt zu einem unerträglichen Peiniger [...].[15]

Die Glücksgefühle, welche Werther noch im Mai aus der Natur schöpfen kann, kehren sich um und entwickeln sich zu „quälenden Geist[ern]"[16]. Das verwendete Präteritum in Werthers Darstellung zeigt mit besonderer Deutlichkeit, dass die Heiterkeit, die die Natur ihm vermittelt, zu einer vergangenen Zeit gehört. Die Natur, die er nun wahrnimmt kommt ihm wie ein verzerrter Rückblick eines Glücks vor, das er schon lange hinter sich lassen musste.[17] Die schöpferische Kraft der Natur verwandelt sich in diesem Brief in eine zerstörerische Naturmacht. „Abgründe"[18], „[u]ngeheure Berge"[19] und die stürzende „Wetterbäche"[20], Elemente die an die mittelalterlichen Naturängste der Menschen erinnern und im Mai noch Bestandteile einer Idylle darstellten, wandeln sich in einen „locus terribilis" um.

Es kommt also zu einer Abänderung ihrer ursprünglichen Funktion. Die eigentliche Hintergrundkulisse entwickelt sich zu einer Seelenlandschaft: Werthers zerklüftete innere Natur wird durch die Grobheit der Berge symbolisiert, die Risse in seiner Seele stellen sich durch die tiefen Abgründe dar, sowie die

---

14 Vgl. Hein, 1997. S. 66.
15 Goethe, 2007. S. 43. Z. 13-18.
16 Ebd. S. 43. Z. 18.
17 Vgl. Duesberg, Peter: Idylle und Freiheit. Ein Entwicklungsmodell der frühromantischen Landschaft in der Wechselwirkung von äußerer und innerer Natur.   Frankfurt am Main u.a.: Peter Lang-Verlag, 1996. S. 201.
18 Goethe, 2007. S. 43. Z. 38.
19 Ebd. S. 43. Z. 37.
20 Ebd. S. 43, Z. 38.

stürzenden Fluten seine innere Aufgewühltheit charakterisieren.[21] Der unvermeidliche Wandel seines Naturgefühls, zeigt sich in der Literarisierung des „unzugänglichen Gebirge[s]"[22] und der „Einöde"[23], die seine Isolation in negativer Weise beschreiben. Sein gesamter Weltschmerz drückt sich in dieser Passage aus und so entwickelt sich „der Schauplatz des unendlichen Lebens […] in den Abgrund des ewig offenen Grabes"[24]. Das Bewusstsein des endgültigen Verlusts von Lotte und sein übersteigerter Anspruch an sich selbst, dem er in seinem Versuch des völligen Eingehens in die Natur nicht gerecht werden kann, lösen diesen Ekel vor sich selbst und der ihn umgebenden Welt aus und manifestieren sich in einem unabänderlichen Umschlag zur destruktiven Seite der Natur.[25]

Dieser im August verfasste Brief weist mit der Verschriftlichung von Werthers immer dunkler werdenden, visuellen Naturbeobachtungen auf die Übergangszeit zum Herbst hin. Denn dessen schwermütig-melancholische Erfahrungen fallen alle in weitaus düstere Jahreszeiten, genau wie in die Abendstunden und die Nacht.

> „Wie die Natur sich zum Herbste neigt, wird es Herbst in mir und um mich her. Meine Blätter werden gelb und schon sind die Blätter der benachbarten Bäume abgefallen."[26]

Werthers Leidenskurve zeichnet sich also deutlich auch an den Jahres- und Tageszeiten ab. Er selbst bezeugt, dass seine Gemütsverfassung sich an die Jahreszeit anpasst und umkehrt.[27] Kurz vor seiner Abreise in die städtische Residenz begleitet ihn beispielsweise das Bild des Sonnenuntergangs bei seinem letzten Treffen mit Lotte, welcher auch das Absinken seiner inneren Stimmung symbolisiert.[28]

> „Ich […] sah der Sonne nach, die mir nun zum letzten Mal über dem lieblichen Tale, über dem sanften Fluss unterging.[29]

---

21 Vgl. Duesberg, 1996. S. 206.
22 Goethe, 2007. S. 44. Z. 7.
23 Ebd. S. 44. Z. 7.
24 Ebd. S. 44. Z. 23-24.
25 Vgl. Grathoff, Dirk: Der Pflug, die Nussbäume, der Bauernbursche: Natur im thematischen Gefüge des <Werther>-Romans. In: Goethes <Werther>. Kritik und Forschung. Hg. v. Hans Peter Herrmann. Darmstadt: Wissenschaftliche Buchgesellschaft, 1994. S. 397.
26 Goethe, 2007. S. 66. Z. 1-3.
27 Vgl. Daemmrich, Horst: Landschaftsdarstellungen im Werk Goethes – Erzählfunktion – Themenbereiche – Raumstruktur. In: Deutsche Vierteljahresschrift für Literaturwissenschaft und Geistesgeschichte. Bd. 67. Stuttgart: Metzler-Verlag, 1993. S. 612.
28 Vgl. Duesberg, 1996. S. 226.
29 Goethe, 2007. S. 47. Z. 33-35.

Werthers seelischer Tiefpunkt zeigt sich in vor allem in der Nacht. Wenn beispielsweise seine Gefühlswelt wieder über ihn hereinbricht und der Verlust Lottes erneut in sein Bewusstsein dringt, flüchtet er sich in die nächtliche Düsternis des Waldes.

> „Und - Wenn nicht manchmal die Wehmut das Übergewicht nimmt [...] - so muss ich fort [...]! Und schweife dann [...] durch einen unwegsamen Wald [...], durch die Hecken, die mich verletzen, durch die Dornen, die mich zerreißen. [...] manchmal in der tiefen Nacht, wenn der hohe Vollmond über mir steht [...]."[30]

Werthers wachsende Unruhe zeigt sich in der unbeugsamen und ungezähmten Natur, sodass diese eine Einheit mit seinem Gemütszustand bildet.[31] Der Höhepunkt seines Leids gipfelt in den Wintermonaten, kurz bevor er Selbstmord begeht. Statt der Lebensfreude, die Werther in den Frühlingsbriefen ausdrückt, kann die Natur nur noch mit Leblosigkeit und starrer Kälte aufwarten.[32]

> „[...] - oh! Wenn da diese herrliche Natur so starr vor mir steht wie ein lackiertes Bildchen und alle die Wonne keinen Tropfen Seligkeit aus meinem Herzen herauf in das Gehirn pumpen kann und der ganze Kerl vor Gottes Angesicht steht wie ein versiegter Brunnen, wie ein verlechter Eimer."[33]

Die gesamte Destruktivität der Natur wird im Überschwemmungsbild, welches Werther im Brief des 12. Dezember 1772 wahrnimmt, auf ihren Höhepunkt getrieben.

> „Ein fürchterliches Schauspiel, vom Fels herunter die wühlenden Fluten in dem Mondlichte wirbeln zu sehen [...] und das weite Tal hinauf und hinab eine stürmende See im Sausen des Windes!"[34]

Seine Idylle wird durch die Naturgewalten zerstört und das Aufwärtsgefühl zu Gott, welches er noch im Mai in sich trägt, entwickelt sich in diesem Brief zu einer nicht ablassenden Todessehnsucht. Das Chaos der Natur parallelisiert seine Seele, voller Verzweiflung über sein Verhältnis zu Lotte kurz vor seinem Selbstmord. Das positiv-göttliche Reich der Natur zeigt sich nun von seiner dämonischen Seite.[35]

Seine sozialen Umstände sind also vom Verhältnis der Naturwahrnehmung und seiner Seele abhängig. Sein Gemütszustand wird dadurch enorm beeinflusst. Dies

---

30 Goethe, 2007. S. 47. Z. 5-9.
31 Vgl. Duesberg, 1996. S. 228.
32 Vgl. Hauger, 1987. S. 26.
33 Goethe, 2007. S. 73. Z. 24-26.
34 Ebd. S. 85. Z. 13-17.
35 Vgl. Daemmrich, 1993. S. 613.

wirkt sich direkt auf die Darstellung der äußeren Natur aus und zeigt je nach seelischem Zustand entweder idyllische, helle Landschaftsbilder oder Bildelemente einer wilden und destruktiven Natur.[36] Auch an dieser Stelle lässt sich die Möglichkeit einer indirekten Visualitätskritik erahnen. Die Tatsache, dass die visuelle Aufnahme der Natur eine solche Wirkung auf Werther hat, lässt die Frage aufkommen, ob die literarische Visualisierung solcher destruktiver Naturmomente in seinen Briefen seinem Wesen noch in viel größerem Maße schadet, als dass es ihm gut tut. Denn die alltäglichen Schwierigkeiten kann er sich damit nicht von der Seele schreiben. Es scheint, als würden sich Werthers Probleme durch die literarische Aufnahme seiner Eindrücke eher noch fester in seine Seele einbrennen, als sie es schon durch die äußeren Umstände täten.

2.2. Die Rezeption der Natur in der Literatur: Homer und Ossian

Die Naturwiedergabe durch die schwärmerisch-pantheistischen beziehungsweise melancholisch-schwermütigen Briefe Werthers, je nach seelischer Verfassung, nehmen einen sehr wichtigen Teil des Romans ein. Einen weiteren wichtigen Stellenwert nimmt in der Analyse der Natur- und Landschaftsbeschreibungen im Werther-Roman aber auch eine andere Art der Naturrezeption ein. Der Romanheld rezipiert nämlich nicht nur die ihn selbst umgebende Natur, sondern auch die, die ihm die Literatur hinterlässt. In seinem Fall währen das die Werken von Homer und Ossian, die den jungen Werther in besonderem Maße beeinflussen.

Werthers anfängliche Hingabe zu Homer erklärt sich zum einen an seiner Begeisterung an der Einfachheit des völkischen Lebens und der Schönheit seiner ländlichen Umgebung. Die Liebe zum Archaischen, spricht vor allem aus seinen literarischen Tagträumereien am Brunnen. An diesem Ort schöpft er viel Kraft und Ruhe und zieht sich in diese idyllische Vision von Heimat und Geborgenheit des Öfteren zurück.[37]

> „[...] ich brauche Wiegengesang und den habe ich in seiner Fülle gefunden bei Homer.[38]

Im Anklang an eine patriarchalische Idylle und das Alte Testament zeigt sich die Idealisierung der homerischen Literatur und der völkischen Idylle in der

---

36 Vgl. Ebd. S. 182.
37 Vgl. Goethe, 2007. S. 7. Z. 29-34.
38 Ebd. S. 8. Z. 2-4.

ursprünglichen und naturnahen und Lebenswelt der homerischen Helden.[39]

> „Wenn ich da sitze, so lebt die patriarchalische Idee so lebhaft um mich,
> wie sie, alle die Altväter, am Brunnen Bekanntschaft machen [...]."[40]

Die archaische Welt Homers besitzt eine Vorbildfunktion für die patriarchalischen Lebensträume Werthers und symbolisieren eine noch unzerstörte Bindung an einen natürlichen Lebensrhythmus, sowie das Sehnen nach einer harmonischen Verbindung zur Natur. Im einfachen Landvolk, welches ein Leben in absoluter Harmonie mit der Natur führt und diese archaischen Ideale in den Geschichten Homers und des Alten Testaments auslebt, sieht Werther ein ideales Vorbild für sein eigenes Leben.[41] Die Einfachheit und Natürlichkeit des Lebens, die für ihn das einzig wahre Lebensprinzip darstellt, wird in dieser von Werther künstlich erzeugten Idylle dargestellt.[42]

> „[...] wenn meine Sinne gar nicht mehr halten wollen, so lindert all
> den Tumult der Anblick eines solchen Geschöpfs, das in glücklicher
> Gelassenheit den engen Kreis seines Daseins hingeht, von einem Tage
> zum andern sich durchhilft, die Blätter abfallen sieht und nichts dabei
> denkt, als daß der Winter kommt."[43]

In ihrer vermeintlichen Einfalt stellt die Welt Homers für ihn die einzig wahre Natur dar. Realisierbar ist diese utopische Idee für Werther allerdings nicht, da er durch seinen melancholischen, nach Innen gekehrten Charakter nicht in der Lage ist, die Zweifel am eigenen Ich und die Probleme des alltäglichen Lebens auszublenden. Er verliert jeglichen Bezug zur realen Welt und versucht schließlich, als ihm bewusst wird, dass das homerische Ideal für ihn nicht mehr möglich zu sein scheint, sein Innerstes durch ein mehr seelenverwandtes Werk der Poesie auszudrücken.

Die melancholischen Gesänge Ossians, scheinen dabei eher seinen seelischen Zustand angemessen zu sein. Dieser Stimmungsumschwung deutet sich vor allem in den Herbstbriefen an. Schwermütige Szenerien, Nacht, Nebel und Düsternis verdrängen die strahlenden Frühlingsfarben der homerischen Welt. Trauer und

---

39 Vgl. Marx, Friedhelm: Erlesene Helden. Don Sylvio, Werther, Wilhelm Meiste und die Literatur. Heidelberg: Winter-Verlag, 1994. [Beiträge zu neuerer Literaturgeschichte; Bd. 139]. S. 122 u. 125.
40 Goethe, 2007. S. 7. Z. 29-31.
41 Vgl. Hübner, Klaus: Alltag im literarischen Werk. Eine literatursoziologische Studie zu Goethes „Werther". Heidelberg: Groos-Verlag, 1982. S. 139-140.
42 Vgl. Brown, 1952. S. 88.
43 Goethe, 2007. S. 13f. Z. 37-40 u. Z.1.

Verlust markieren typische Charakterzüge der Ossiandichtung und bestätigen dessen Philosophie der tragischen Schicksalsoffenheit und des heroischen Nihilismus.[44]

> „Ossian hat in meinem Herzen den Homer verdrängt. Welch eine Welt, in die der Herrliche mich führt! Zu wandern über die Heide, umsaust vom Sturmwinde, der in dampfenden Nebeln die Geister der Väter im dämmernden Lichte des Mondes hinführt."[45]

Die düstere Naturwiedergabe Ossians spiegelt sich in Werthers Seele wieder und führt ihn ein in die Welt der Todessehnsucht. Sie wird bebildert wie in einem ossianischen Gedicht, beispielsweise wenn er umherschweift „in den furchtbaren nächtlichen Szenen dieser menschenfeindlichen Jahreszeit"[46] und Wahlheim von zerstörerischen Fluten heimgesucht wird. Die Charakteristika ossianischer Helden, wie Wehmut, Einsamkeit und Todessehnsucht macht sich Werther zu eigen. In seiner letzten Begegnung mit Lotte werden seine düsteren Seelenzustände auf ihren Höhepunkt getrieben: Während er ihr seine Ossian-Übersetzungen vorträgt, überkommt ihn die Sehnsucht zu sterben.[47]

> „Warum weckst du mich, Frühlingsluft? Du buhlst und sprichst: Ich betaue mit Tropfen des Himmels! Aber die Zeit meines Welkens ist nahe, nahe der Sturm, der meine Blätter herabstört!"[48]

Die Metaphern des Welkens und der herabfallenden Blätter symbolisieren in dieser letzten, wichtigen Begegnung die endgültige Trennung Lottes und Werthers, sowie dessen Sehnsucht seinen seelischen Qualen durch den Selbstmord endlich ein Ende zu setzen.[49]

Die Ossiandichtung scheint als Bild für die seelische Verwirrung Werthers zu stehen. Im Gegensatz dazu schwärmt er noch im Frühjahr und im Sommer 1771 für Homers helle, einfache und volkstümliche Landschaftsdichtung, in einer Zeit, in der er noch bei klarem Verstand ist.[50] Zur düsteren Dichtung Ossians tendiert er dann, als er immer mehr den Verstand zu verlieren scheint. In seinen poetischen Wanderungen durch dämmrige Nächte scheint dabei stets eine gewisse Konturlosigkeit in seiner poetischen Malerei zu herrschen, die vor allem in

---

44 Vgl. Flaschka, Horst: Goethes <<Werther>>. Werkkontextuelle Deskription und Analyse. München: Wilhelm Fink-Verlag, 1987. S. 198-199.
45 Goethe, 2007. S. 70. Z. 26-30.
46 Ebd. S. 85. Z. 7-9.
47 Vgl. Brown, 1952. S. 134-135.
48 Goethe, 2007. S. 98. Z. 11-13.
49 Vgl. Brown, 1952. S. 137.
50 Vgl. Flaschka, 1987. S. 199.

Werthers Ossian-Übersetzung deutlich wird.[51] In dem er die verschwommene Sprache Ossians übernimmt, geht Werther gänzlich in dessen nebelumhüllter Welt auf.[52]

Im Gegensatz zu den Anfangsbildern, die hell, klar und strukturiert sind und eine gewisse Frische und Sinnlichkeit ausdrücken stellen die ossianischen Landschaftsgemälde einen starken Kontrast dar. Werthers Weg von Homer zu Ossian symbolisiert das Entgleiten aus der Realität in ein undurchsichtiges Nebelland, den Übergang von einer lebensbejahenden Einheit mit der Natur in einen im Selbstmord gipfelnden Weltschmerz.[53]

Die Ossian-Dichtung dominiert Werthers Literatur- und dadurch auch sein Naturverständnis vor allem im zweiten Teil des Romans sehr stark. Sie nimmt im Roman einen sehr großen Part ein und wird viel stärker thematisiert als die Dichtung Homers. Die dämmrig-düstere Landschaftsdichtung Ossians beeinflusst ihn so stark, dass er an der ihr inhärenten Todessehnsucht und Wehmut zu Grunde geht.

Werthers Wahrnehmung einer literarischen Landschaft steht und fällt also mit seinen seelischen Empfindungen. Sowohl Werthers eigene visuelle Eindrücke, die er von der ihn umgebenden Landschaft und Natur abgewinnt, als auch diejenigen, die er aus der Literatur zieht, werden in seinen Briefen rezipiert. Je nach Gemütslage ändert sich seine Einstellung diesbezüglich und er schweift ab in eine seiner Seele und seinen Emotionen eher angepasste literarische oder natürliche Situation. Wahrnehmung und Visualität spielen also in Goethes Roman eine besondere Rolle, da sie eine stets auf den Protagonisten zutreffende Atmosphäre schaffen und Werthers emotionale Entwicklung widerspiegeln.

Auch an dieser Stelle spielt Visualitätskritik eine Rolle. Ebenso wie bei der Rezeption seiner realen Umwelt, nimmt Werther die literarische Landschaft so stark mit, dass er an ihr zu Grunde geht. Er versetzt sich in die poetische Umgebung Ossians hinein, durchlebt all die negativen Ereignisse der ossianischen Charaktere und projiziert sie auf sich selbst. Damit intensiviert Werthers Wahrnehmung der literarischen Visualisierung dessen negative Gemütsverfassung und treibt ihn damit in gewisser Weise in den Selbstmord. Es liegt also eine enorm

---

51 Vgl. Goethe, 2007. S. 92. Z.33-38.
52 Vgl. Hein, 1997. S. 47.
53 Vgl. Flaschka, 1987. S. 199.

starke Konzentration auf visuelle Darstellungen vor, sowie sich zusätzlich auch mit der Thematik selbst literarisch auseinandergesetzt wird.

3. Die Natur als Seelengemälde Jeannes

3.1. Die Natur als Markierung von Glück und Depression

Die Landschaftsbeschreibungen Maupassants scheinen Produkte einer Verflüssigung von verbalen Bildern der Realität zu sein. Was die Umgebung und ihre Äußerlichkeiten ausdrücken, sind gleichzeitig Erzählungen des Inneren einer Person. Der Autor komponiert damit einen ganzen Kosmos, der in einem internen Zusammenhang entdeckt werden muss.[54] Die Natur erregt alle Sinne Jeannes, beflügelt sie, erweckt ihren Körper und gibt ihr Lust auf das Leben. Jeanne lebt damit eine regelrechte sensuelle Verbindung mit der Natur aus.[55]

> „Elle se mettait souvent à courir sur la falaise, fouettée par l'air léger des côtes, toute vibrante d'une jouissance exquise à se mouvoir sans fatigue comme les poissons ou les hirondelles dans l'air."[56]

Landschaft und Natur schaffen die Atmosphäre eines Zaubers, einer Tiefe und einer Weite des Lebens, die Jeanne nach dem Auszug aus dem Kloster mit Glück und Zufriedenheit in ihrem neuen Lebensabschnitt assoziiert. Im Wolkenbruch fährt sie als Mädchen vom Konvent in ihr Elternhaus, während auf dem Weg in die glückliche Zeit ihres Lebens der Regen allmählich nachlässt und die Landschaft nach und nach aufhellt. Ihr Tag endet in einer Frühlingsnacht voller Träume, Sehnsüchte und Zukunftsfantasien.[57] Beim nächtlichen Blick aus ihrem Fenster strahlt die Umgebung eine beruhigende Stille aus. Das Leben um sie herum ist sanft und leise zu spüren.

> „Toutes les bêtes qui s'éveillent quand vient le soir, et cachent leur exsitence obscure dans la tranquillité des nuits, emplissaient les demi-ténèbres d'une agitation silencieuse."[58]

Das Summen der Insekten im Halbdunkel der Nacht, das sinnliche Leben der Wesen nimmt sie in der Stille dieses Moments sehr stark war und drückt sich in

---

54 Vgl. Foucart, Claude: Une Vie de Maupassant: Un paysage. Première Partie. In: Literatur in Wissenschaft und Unterricht. Hg. v. Paul Buchloh. Würzburg: Königshausen + Neumann-Verlag, 1974. H. 7. S. 88.
55 Vgl. Ehrsam, Jean / Ehrsam, Véronique: Maupassant. Une Vie. Frankfurt am Main, Paris: Moritz Diesterweg-Verlag / Hatier-Verlag, 1986. S. 43.
56 Maupassant, Guy de: Une Vie. Présentation par Antonia Fonyi. Malesherbes: GF Flammarion-Verlag, 2009. S. 65.
57 Vgl. Halperin, Josef: Maupassant, der Romancier. Zürich u.a.: Artemis-Verlag, 1961. S. 88.
58 Maupassant, 2009. S. 60.

einer angenehmen Gänsehaut aus. Jeanne fühlt sich von einem übermenschlichen Frösteln umgeben und ein Gefühl des Glücks scheint sich dabei um sie zu legen.

> „Une affinité l'unissait à cette poésie vivante; et dans la molle blancheur de la nuit elle sentait courir des frissons surhumains, palpiter des espoirs insaisissables, quelque chose comme un souffle de bonheur."[59]

All diese Sinneseindrücke führen bei Jeanne zu einer allmählich erwachten Sinnlichkeit, die sie nach ihrer Zeit im Kloster in dieser Mondnacht neu entdeckt. Die Natur gibt ihr in dieser Nacht das Gefühl, einer positiven Zukunft entgegen zu blicken.[60] Gerade nach der Rückkehr aus dem Kloster erscheint die Natur für Jeanne als ein Ort der Freiheit. Sie genießt die Weitläufigkeit der Landschaft bei ihren unzähligen Spaziergängen und lässt sich vor allem von der Größe und Tiefe der Umgebung begeistern. Vor allem mit dem Meer assoziiert sie Freiheit und Weite, sie ist fasziniert von der Urgewalt und der Schönheit des Ozeans. Im Verlauf des Romans wird eine immerwährend innige Beziehung Jeannes zum Meer aufgezeigt und stellt sich vor allem während des Badens, oder den zahlreichen sehnsüchtigen Blicken aus dem Fenster dar.[61]

> „Elle nageait à perte de vue […]. Elle se sentait bien dans cette eau froide […] qui la portait en la balançant […] elle se mettait sur le dos, […] les yeux perdus dans l'azur profond du ciel que traversait […]."[62]

Ein Zeit absoluten Glücks stellt für Jeanne die Hochzeitsreise nach Korsika dar. An diesem Ort richtet sich die gesamte Natur nach der Liebe und der Leidenschaft des jungen Brautpaares. Der „odeur de jolie femmes"[63] umgibt sie und für einen kurzen Abschnitt ihres Lebens ist sie gänzlich erfüllt von der Zuneigung zu ihrem Mann und ihrer Liebe zur exotischen Schönheit der korsischen Natur.

> „Hauts […] fantastiques, ces surprenants rochers semblaient des arbres, des plantes, […] des oiseaux démensurés, tout un peuple monstrueux […] petrifiée par le vouloir de quelque Dieu extravagant.[64]

---

59 Maupassant, 2009. S. 60.
60 Vgl. Foucart, 1974. S. 93.
61 Vgl. Ehrsam, 1986 S. 44.
62 Maupassant, 2009. S. 66.
63 Maupassant, 2009. S. 110.
64 Ebd. S. 115.

Sie inspiriert Jeanne mit ihrer Wildheit und sie bekommt „envie du besoin d'aimer dans cette beauté des choses"[65]. An einem Ort „de cette étrange et vehemente secousse de sens"[66], an dem Leidenschaften frei ausgelebt werden, so frei und wild wie auch die Natur, werden Jeannes sexuelle Fantasien entfesselt.

Die korsische Landschaft dient also als Inspiration für Liebe und Leidenschaft.[67] Die starken Kontraste und die grandiosen Formen der Natur schenken der Landschaft, die Maupassant literarisch visualisiert, eine große Schönheit. Das stilistische Können des Autors, der lediglich große, fast skizzenhafte landschaftliche Linien zeichnet, zeigt sich in der Einfachheit und der Klarheit seiner Beschreibungen.

> „A droite comme gauche, la falaise énorme se dressait. Une sorte de cap arrêtait le regard d'un côté, tandis que l'autre la ligne de côtes se prolongeait indéfiniment jusqu'à n'être plus qu'un trait insaisissable."[68]

Trotz dieser Simplizität erfasst er jedes wichtige Element und verwendet Formen und Farben, wie ein Maler. Wie ein impressionistischer Künstler erfasst er eine Landschaft und gibt sie in einem objektiven Abbild wieder.[69] Definitiv gibt der Roman zu einem großen Teil eine positive Version der Natur wieder. Sie steht für die Inkarnation des Lebens, stimuliert Jeannes Träumereien und präsentiert die Freiheit und das Entweichen aus ihrer Gefangenschaft, sei es anfangs ihrem Klosterleben oder später aus ihrer Ehe.[70]

Ebenso stark reagiert Jeanne auf eher melancholische Landschaftsbilder. Sie wird krank, von Trübsinn geplagt und von Enttäuschungen über ihre Mitmenschen getrieben.[71] Die sich paarenden Vögel bei ihrem Ritt, an dem Tag an dem sie zum ersten Mal Verdacht gegen Julien und Gilberte schöpft, am selben Ort, an dem sich ihre eigenen ersten Liebesregungen entwickelten, symbolisieren den gerade stattfinden Ehebruch.[72] Noch auf ihrer Hochzeitsreise strahlen die bunten Farben und wilden Formen Korsikas ihr junges Eheglück aus, wohingegen bereits auf der Rückreise Stürme und graues Herbstwetter der Normandie auf die zukünftig

65 Ebd. S. 115.
66 Ebd. S. 116.
67 Vgl. Bessire, François: La nature dans „Une Vie". In: Lectures de Unes Vie de Mau- passant. Le thème du pessimisme. Hg. v. François Bessire. Paris: Euphorion-Verlag, 1979. [Collections DIA / Diffusion Belin; Bd. 31]. S. 165.
68 Maupassant, 2009. S. 64.
69 Vgl. Bessire, 1979. S. 162.
70 Vgl. Ehrsam, 1986. S. 44.
71 Vgl. Beese, Henriette: Nachwort. In: Guy de Maupassant. Ein Leben. Frankfurt am Main u.a.: Ullstein-Verlag, 1981. S. 229-242. [Die Frau in der Literatur. Ullstein-Buch; Bd. 30118]. S. 236.
72 Vgl. Maupassant, 2009. S. 190f.

erkaltende Leidenschaft und Jeannes Enttäuschung hindeuten.[73]

> „Alors l'humide et dur paysage qui l'entourait, avec la chute lugubre des feuilles, et les nuages gris entraînés par le vent, l'enveloppa d'une telle épaisseur de désolation qu'elle rentra pour ne point sangloter.[74]

Hier ruft die Natur statt Lebenslust und Inspiration eher Hoffnungslosigkeit und Pessimismus in Jeanne hervor. Doch nicht nur sie wird von den Zuständen der Natur beeinflusst. Auch andere Handlungsträger, wie der Graf von Fourville sind Beispiele für die anthropomorphische Spannung zwischen Natur und Innenleben.[75]

> „Il avait tourné vers la droite, et s'était mis à courir. La mer houleuse roulait ses vagues; les gros nuages tout noirs arrivaient d'une vitesse folle, et chacun d'eux criblait la côte d'une averse furieuse.“[76]

In diesem pathetischen Moment scheint die Natur Gefühle der Rache zu animieren. Die Landschaft scheint die Eindrücke von Seelenqual und Hass noch zu intensivieren. Der Kosmos reagiert wieder im Einklang mit dem Menschen, an dieser Stelle jedoch mit negativem Ausgang für Julien und Gilberte. Dieser Symbolismus erlaubt es Maupassant, die Verbindung zwischen menschlichen Gefühlen und unbelebten Objekten, auf Basis einer universellen Analogie aufzustellen.[77] Dies lässt sich vor allem gegen Ende des Romans feststellen, an einem Punkt in Jeannes Leben, an dem sie voller Lethargie keinen rechten Sinn mehr in ihrer Existenz sieht.

> „Elle retrouvait tout cela maintenant que l'avenir était clos. Elle en jouissait encore dans son coeur; mais elle en souffrait en même temps, comme si la joie éternelle du monde réveillé en pénétrant sa peau séchée, son sang refroidi, son âme accablée, n'y pouvait plus jeter qu'un charme affaibli et douloureux.“[78]

Nur für eine kurze Zeit darf sie Glück in ihrem Leben erfahren. Diese Zeit versucht sie immer wieder aufleben zu lassen, gerade in den Momenten, in denen das Glück sie verlassen hat. Doch das Anschneiden dieser glücklichen Erinnerungen verstärkt ihre Depression in einer ironischen Umkehrung.[79] Dabei werden die Elemente der Natur des Öfteren personifiziert, wie beispielsweise das Meer, das Jeanne in Betteville fehlt, wie eine Freundin.

---

73 Vgl. Halperin, 1961. S. 88.
74 Maupassant, 2009. S. 125.
75 Vgl. Valette, Bernard: Le Symbolisme dans <<Une Vie>>. In: Analyses & réflexions sur Guy de Maupassant. Une Vie. Ouvrage collectif. Paris: Ellipses, 1999. S. 415.
76 Maupasant, 2009. S. 228.
77 Vgl. Valette, 1999. S. 415.
78   Maupassant, 2009. S. 187.
79 Vgl. Bessire, 1979. S. 168.

> „Ce qui lui manquerait si fort, cètait la mer, sa grande voisine depuis
> vingt-cing ans [...] qu'elle s'était mise à aimer comme uns personne
> sans s'en douter."[80]

Die Landschaft in der sich die Protagonisten bewegen wird am Menschen und dessen Lebensrhythmus gemessen. Diese wird vor allem auch in ihren sukzessiven Aspekten aufgenommen, nämlich im Rhythmus der Jahreszeiten. Der Frühling evoziert beispielsweise das Bedürfnis Jeannes nach Liebe und Leidenschaft, in einer Zeit in der sie noch alle Hoffnungen für eine positive Zukunft in sich trägt. Der Frühlingsregen bezaubert sie und „[i]l semblait à Jeanne que son coeur s'élargissait [...]"[81]. Unter der selben normannischen Landschaft, diesmal allerdings im Herbst situiert, zeigt sie sich als niedergeschlagene junge Braut auf dem Rückweg von ihrer Hochzeitsreise.[82]

> „[...] mais la campagne semblait si triste qu'elle sentait en son coeur,
> rien qu'à la regarder par la fenêtre, und pesanteur de mélancholie."[83]

Der Roman treibt aber auch Diskrepanzen zwischen dem was die Natur suggeriert und der realen Existenz der Heldin voran. Der Frühling, der Jeannes Emotionen positiv belebt ist die gleiche Jahreszeit, in der sie den Betrug Juliens und Gilbertes entdeckt. Die positive Eigenschaft der Frühlings ist also ironischer Weise auch für das Unglück der Protagonistin verantwortlich, da er eben auch leidenschaftliche Gefühle in Menschen aufkeimen lässt, die ihre Mitmenschen damit verletzen.[84]

Die Alternanz der Jahreszeit hat damit ein signifikantes Ziel auf psychologischem Niveau. Die zahlreichen meteorologischen Hinweise symbolisieren die Konstitution der menschlichen Seelen.[85] Frühling und Sommer symbolisieren meist Glück und Zufriedenheit, beziehungsweise dessen ironische Umkehrung, Herbst und Winter markieren eher Melancholie und Ernüchterung. Die visuelle Darstellung von Landschaft und Natur hat also eine weitaus wichtigere Funktion als lediglich die der Dekoration. Sie ist ein Ressort der Gedanken und der Handlung von Personen, in denen sie Hoffnungen, Wünsche und auch

---

80 Maupassant, 2009. S. 269.
81 Maupassant, 2009. S. 60.
82 Vgl. Ehrsam, 1986. S. 57.
83 Maupassant, 2009. S. 123.
84 Vgl. Bessire, 1979. S. 167.
85 Vgl. Valette, 1999. S. 415.

15

Enttäuschungen hervorrufen kann.[86]

Die Natur als Jeannes Seelengemälde könnte wie beim „Werther" als indirekte Wahrnehmungskritik verstanden werden. Ihre starke Sensibilität in Bezug auf die Natur beweist, dass sie als Persönlichkeit nicht in der Lage ist eine schwierige Lebenssituation zu meistern. Dass Äußere beeinflusst sie so stark, dass dies zu einem Realitätsverlust führt. Auf Grund ihrer unzertrennlichen Bindung zur Natur kapselt sie sich von der Lebenswirklichkeit und dem Alltag ab und lässt sich lediglich von den Launen der Natur leiten. Die visuelle Wahrnehmung von Natur führt also auch bei Jeanne zu einem Abwärtstrend, der sich kaum noch revidieren lässt. Doch im Gegensatz zu Werther kann sie trotz der Diskrepanzen zu ihrer alltäglichen Umwelt, ihr Leben versöhnlich abschließen.

3.2. Das Meer und die Sonne: Natur und Sexualität

Maupassants Landschaftsbeschreibungen bieten gelegentlich auch Visionen an, die die Elemente der Natur in mythologische Figuren verwandeln. Er zeigt daran, was diese mit einander verbindet. Die Sonne, als Symbol für das Männliche steigert stets die Intensität von Jeannes Sinnesempfindungen. In Momenten, in denen sie sich gänzlich der Natur hingezogen fühlt, ist es vor allem die Sonne, die ihre Gefühle nahezu steuert.

> „Et Jeanne se sentait devenir folle de bonheur. Une joie délirante [...]
> noya son coeur qui défaillait. C'étaient son soleil! son aurore!"[87]

Sexuelle Konnotationen durchziehen den Roman ständig, wobei die Natur oftmals als Verführer Jeannes fungiert.[88] Um prekäre Situationen darzustellen, verwendet Maupassant oftmals metaphorische Umschreibungen, die menschliche Gelüste in der Natur darstellen. Denn gegen Ende des 19. Jahrhunderts werden literarische Beschreibungen, die die Moralität dieser Epoche hätten schockieren können, gerne vermieden.[89]

Besonders intensiv ist die Darstellung von Jeannes Gefühlen an den Höhepunkten ihres Lebens. Diese sind sowohl von symbolischer Bedeutung, sowie auch als Vorausdeutungen für spätere Ereignisse zu verstehen. Einer dieser Situationen ist die Bootsfahrt mit Julien, die vor allem durch die Verbindung von Jeannes

---

86 Vgl. Bessire, 1979. S. 167.
87 Maupassant., 2009. S. 62.
88 Vgl. Beese, 1981. S. 241.
89 Vgl. Valette, 1999. S. 415.

Emotionen mit verschiedenen Naturvorgängen von besonderer Signifikanz ist.[90] Sonne und Meer liefern sich dabei eine Art „Liebeskampf", der die wollüstigen Wünsche Jeannes figuriert. Sie stehen als Symbol für das Männliche und das Weibliche.

> „Le soleil montait comme pour considérer de plus haut la vaste mer étendue sous lui, mais elle eut comme une coquetterie et s'enveloppa d'une brume légère qui la voilait à ses rayons."[91]

Am Morgen ist es zunächst nur ein gegenseitiges Hofieren von Sonne und Meer, später am Tag werden die Bilder immer hitziger und gewaltiger. Auch hier passen sich Jeannes Gefühle den beiden Elementen an und ihre emotionale Intensität steigert sich immer weiter.[92]

> „[...] la mer, fiancée monstreuse, attendait l'amant de feu qui descendait vers elle. Il précipitait sa chute, empourpré comme par le désir de leur embrasement. Il la joignit; et, peu à peu, elle le dévora."[93]

Dieses „Liebesballett" nimmt außerdem die Geschehnisse in der Hochzeitsnacht Jeannes vorweg, wobei diese vorab sichtlich positiver und erwartungsvoller umschrieben werden, als sie letztendlich stattfinden. Ihre Wünsche und Vorstellungen die auf die Natur projiziert werden kehren sich um und können nicht erfüllt werden. Somit kehrt sich diese Vorausdeutung, die durch die Natur vorgenommen wird, negativ um.[94]

Die literarischen Visualisierungen spielen in ihrer Funktion als Stimmungs-initiatoren und vorausdeutende Elemente eine ganz besondere Rolle innerhalb des Romans. Jeannes Sinnesempfindungen erfahren durch sie eine deutliche Prägnanz und werden dem Leser in einer äußerst effektvollen Art und Weise präsentiert.

4. Vergleich

Auf Grund der speziellen Stilistik Maupassants und dessen besonderer Hingabe für die Darstellung von Emotionen mit Mitteln der Natur- und Landschafts-beschreibung, ist es durchaus möglich „Une Vie" und die darin enthaltenen literarischen Visualisierungen von Natur und Landschaft als Seelengemälde der

---

90 Vgl. Weipert, Simon: Die Novellen Maupassants: Versuch einer Werkimmanenten Typologie. Frankfurt am Main u.a.: Peter Lang-Verlag, 1989. S. 72.
91 Maupassant, 2009. S. 78.
92 Vgl. Ehrsam, 1986. S. 70.
93 Maupassant, 2009. S. 82.
94 Vgl. Valette, 1999. S. 416.

Protagonistin zu bezeichnen.[95]

In der Mitte des 19. Jahrhunderts breitet sich die Stilrichtung „Impressionismus"
in der bildenden Kunst aus und übt seit dem einen nicht unerheblichen Einfluss
auf die Literatur aus. Malende, sowie literarische Impressionisten nehmen ihre
Umwelt anders wahr als ihre Mitmenschen, also wird mit der Bezeichnung
„Impressionismus" nicht eine Art des Malens und des Schreibens, sondern eine
bestimmte Art des Wahrnehmens und der Gesinnung eines Künstlers dargestellt.
Die impressionistische Einstellung zur Kunst besteht darin Eindrücke und
Augenblicke einzufangen und wiederzugeben. Das heißt also, dass die Gesinnung
des Impressionisten und die daraus entstehende Kunst in starker Verbindung zu
einander stehen. Nur durch die schnelle Wiedergabe des Gesehenen kann ein
objektives Abbild der Umwelt geschaffen werden, was bedeutet, dass keine
gänzlich präzise Wiedergabe gewährleistet werden kann und nur die ausschlag-
gebendsten Eindrücke erfasst und wiedergegeben werden können.[96]

Maupassant, der die Umwelt möglichst wahrheitsgetreu darzustellen sucht, um die
Wahrhaftigkeit eines Moments einfangen zu können, nimmt diese impressionistische Art des Schreibens in sein Werk auf. Er zeichnet alle seine
Figuren sehr objektiv, indem er entweder durch ihr Handeln oder durch Selbst-
gespräche deren Gefühle präsentiert.[97] Um sie aber noch intensiver psychologi-
sieren zu können, ohne dabei an Objektivität zu verlieren, verwendet er die
literarische Zeichnung von Natur und Landschaftsbildern, um die Seele einer
Figur widerzuspiegeln. Es kommt also nicht zu einer direkten sondern einer
indirekten Beschreibung eines Seelenzustands.

Die normannische, beziehungsweise kurzzeitig die korsische Landschaft wird als
Umgebung Jeannes gewählt. Die schöpferischen, sowie zerstörerischen Kräfte der
Natur beherrschen Jeannes Inneres und begleiten ihren Lebensweg ständig.
Handlung, Landschaft und Seele bilden also eine Einheit innerhalb des Romans.
Die Handlung beginnt zunächst äußerst idyllisch und verdüstert sich mit Jeannes
zunehmendem Alter und zeichnet sich gleichzeitig immer wieder an den äußeren
Umständen ab.[98]

---

95 Vgl. Halperin, 1961. S. 77.
96 Vgl. Schneider, Hans: Maupassant als Impressionist. Münster: Selbstverlag des Romanischen
Seminars der Universität Münster, 1934. S. 1-2.
97 Vgl. ebd. S. 19-20.
98 Vgl. Halperin, 1961. S. 78.

Jeanne reagiert äußerst sensibel auf die Natur, da sie selbst ohne eigene Energie gänzlich von der Natur ausgefüllt zu werden scheint. Jede Witterung, jeder Jahreszeitenwechsel wird von ihr aufgenommen. Gefühle und Gelüste scheinen dabei mehr ein Echo der Natur, als innerlich entwickelte Gefühlsregungen zu sein, ganz im Gegensatz zu Werthers Emotionen, die von der Natur parallelisiert werden. Bei Jeanne dagegen, spiegelt deren Seele die äußeren Naturvorgänge wider. Sie wird im Laufe des Romans als eine bewusst- und zeitlose Person dargestellt, die sich in ihrem gesamten Lebensverlauf nicht in die alltägliche Realität eingliedern kann, ähnlich wie bei Werther, der allerdings auf Grund seines sensiblen Charakters ebenfalls keinen Platz in der Gesellschaft findet.

Goethe schöpft in seiner Gestaltung des Werther aus drei verschiedenen künstlerischen Strömungen, die im 18. Jahrhundert einen maßgeblichen Einfluss auf die Literatur haben, nämlich der Aufklärung und ihrem Vernunftdenken, dem Sturm und Drang mit seiner Rebellion gegen eben diese aufklärerischen Gesellschaftsformen und dem sich daraus entwickelnden Individualitätsstreben, sowie der speziellen, sensiblen Tonlage aus der Epoche der Empfindsamkeit.[99]

Die Einstellung der Aufklärer wird im Roman deutlich kritisiert, vor allem in der Beschreibung der Natur, die nach aufklärerischer Vorstellung lediglich dem Nützlichkeitsdenken der Gesellschaft behilflich sein soll. Die Naturvorstellungen des Sturm und Drang, sowie der Empfindsamkeit stellen sich gegen den Wunsch nach der Unterdrückung und Beherrschung der Natur und sehnt sich nach einer harmonischen Verbindung mit ihr. Die Natur weckt die Gefühlsfähigkeit des Menschen, der in ihr Hilfe und Ruhe sucht.[100]

Kunst und Natur werden damit zum Ausdrucksort der Seele, wo Freundschaft und Liebe nicht mehr in gesellschaftliche Konventionen gepresst, sondern vertieft werden. Es entwickelt sich eine begeisterte Hinwendung zur äußeren und der damit verbunden inneren Natur.[101] Diese Einstellung prägt Goethe und dessen Stilistik im „Werther" enorm. Die Natur gilt dabei als äußerst wichtiges Element. Alles was für das Gefühlsleben einer Figur wichtig ist wird in landschaftlicher Darstellung umschrieben. Sie hat eine große symbolische Wirkung für die innere

---

99 Vgl. Hauger, 1987. S. 10.
100 Vgl. Flemming, Willi: Der Wandel des deutschen Naturgefühls vom 15. zum 18. Jahrhundert. Halle: Niemeyer-Verlag, 1931. S. 86.
101 Vgl. Assling, Reinhard: Werthers Leiden. Die ästhetische Rebellion der Innerlichkeit. Frankfurt am Main/ Bern: Lang-Verlag, 1981. S. 8.

Handlung, die sich schicksalshaft auf die äußere prägt.[102] Es kommt ein Bewusstsein auf, dass die Natur bestimmte Empfindungen auslösen kann und bei der Landschaftsbetrachtung eine neue Art des Sehens und des Fühlens herrscht.

Im Werther spielt sich die Natur vor allem in der Seele des Protagonisten ab. Werthers Verbindung zur Natur erweist sich, ebenso wie bei Jeanne in „Une Vie", als äußerst stark. Die von Werther beschriebenen Landschaften, sowie die Naturdarstellungen in seiner literarischen Rezeption, können also als Projektionen seiner Seele aufgefasst werden.[103] Wie auch in „Une Vie" weisen diese im Verlauf des Romans stark ambivalente Züge auf. Sowohl glückliche als auch verzweifelte Gemütszustände Werthers werden von der Natur nachgeahmt und in deren literarischer Visualisierung wiedergegeben. Die seelische Konstitution Werthers wird also durchgängig durch die Natur selbst oder durch seine literarische Rezeption von Natur- und Landschaftsbeschreibungen parallelisiert.[104]

Die literarische Visualisierung von Natur und landschaftlicher Umgebung hat also in beiden Romanen eine ähnliche Funktion. Sie gibt Stimmungsbilder ab, deutet das Romangeschehen indirekt voraus und ist vor allem ein wichtiger Bedeutungsträger für den Verlauf des Werkes. Es wird deutlich, dass die Natur in wechselseitiger Beeinflussung mit den Protagonisten steht, wobei aber die Beeinflussung im „Werther" eher von der Figur auszugehen scheint und in „Une Vie" eher von der Natur, beziehungsweise der Landschaft.

Visualität wird in beiden Werken außerdem auch kritisch hinterfragt, wenn auch in eher sekundärer Funktion. Es zeigt sich, dass eine zu starke Beeinflussung der Protagonisten durch das Wahrnehmen und Rezipieren der Natur und der Landschaft, in direkter Aufnahme oder durch das Erfassen literarischer Natur- und Landschaftsbeschreibungen zu einem sich allmählich entwickelnden Untergang beiträgt. Jeannes Passivität wird durch die Natur ausgefüllt und führt zu einer Weltfremdheit, die sie in der Gesellschaft scheitern lässt. Auch Werthers ständige Flucht in die Natur isoliert ihn und lässt ihn in seinen sozialen Beziehungen ebenso versagen. Bei Werther führt diese Tatsache in den Selbstmord, bei Jeanne zu sozialer Erniedrigung und Einsamkeit, wobei ihr ja noch ein relativ versöhnlicher Ausgang ihrer Leiden vergönnt ist. Werthers Innerlichkeit in

---

102 Vgl. Flemming, 1931. S. 81.
103 Vgl. Hein, 1997. S. 66.
104 Vgl. Duesberg, 1996. S. 181.

Verbindung mit der Natur hat dagegen einen unwiderruflichen und endgültigen Höhepunkt erreicht, an dem er letzten Endes zerbricht.

5. Fazit

Dass in beiden Romanwerken die literarische Visualisierung von Natur und Landschaft nicht lediglich eine dokumentarische und dekorative Rolle spielt, zeigt die Analyse beider Werke. Die Natur- und Landschaftsbeschreibungen besitzen dabei einen evokativen Wert. Sie tendieren nie nur zu einem retardierenden Moment oder einer Ausschweifung, sondern dienen stets der Charakterisierung oder der Psychologisierung einer Figur.[105] Sie kreieren vor allem Atmosphären, die auf die Protagonisten einwirken und ihre Gefühlsregungen, Träume und Wünsche evozieren. Oder sie werden von den Emotionen der Figuren beeinflusst und projizieren dann diese in ihre landschaftliche Umwelt.

Die Natur inspiriert die Charaktere und nimmt einen außerordentlich wichtigen Platz in deren Leben und im Handlungsverlauf des Romans ein.[106] Sie ist als fester Bestandteil des Handlungs- und Beziehungsgefüges anzusehen. Das tragische Geschehen innerhalb des Romans spiegelt sich an den Naturvorstellung Jeannes und Werthers wider. Deren Schicksalsverlauf wird in den regelmäßigen Gang der Natur eingebettet.[107]

Die wohl deutlichste Konzentration des Werkes liegt also in der Darstellung von visuell Wahrnehmbaren und teilt dieser ungemein wichtige Funktionen zu. Auch die literarische Rezeption und die kritische Hinterfragung dieser Thematik ist beiden Werken inhärent, wenn auch nur am Rande. Es lässt sich also feststellen, dass beide der anfangs aufgestellten Definitionen zutreffend sind.

An diesen Ergebnissen lässt sich die Wichtigkeit und Nützlichkeit der Betrachtung von literarischer Visualität und ihrer Funktionen ableiten. Die visuelle Darstellung von Objekten dient der Erzeugung von Stimmungen und der Vermittlung von Emotionen. Die genaue Betrachtung dieses Phänomens hilft, die Verwendung literarischer Verbildlichungen zu verstehen und ist sehr nützlich um ein präziseres Wissen über eine mögliche Intention des Autors und ein besseres Verständnis für

---

105 Vgl. Ehrsam, 1986. S. 57.
106 Vgl. Bessire, 1979. S. 165.
107 Vgl. Brown, 1952. S. 74.

dessen Kunst zu erlangen.[108] Außerdem wird dabei auch auf die Problematik dieses Phänomens aufmerksam gemacht. Die den Werken inhärente Visualitätskritik verweist auf die Unmöglichkeit einer mimetische Darstellung von Objekten und die Schwierigkeiten, die eine zu starke Zuwendung zum Dargestellten mit sich bringen kann. Es zeigt sich, dass literarische Visualität ein wichtiges Untersuchungsgebiet in der Literaturwissenschaft ist, das nicht unterschätzt werden sollte, weil durch ihre Analyse einige noch unentdeckte Gesichtspunkte aufgezeigt werden können und somit eine flächendeckende und adäquate Interpretation eines Werkes möglich wird.

---

108 Vgl. Poppe, 2007. S. 314-320.

6. Literaturverzeichnis

6.1. Primärliteratur

Goethe, Johann Wolfgang von: Die Leiden des jungen Werther. Husum: Hamburger Lesehefte-Verlag 2007.

Maupassant, Guy de: Une Vie. Présentation par Antonia Fonyi. Malesherbes: GF Flammarion- Verlag, 2009.

6.2. Sekundärliteratur

Assling, Reinhard: Werthers Leiden. Die ästhetische Rebellion der Innerlichkeit. Frankfurt am Main/ Bern: Lang-Verlag, 1981.

Beese, Henriette: Nachwort. In: Guy de Maupassant. Ein Leben. Frankfurt am Main u.a.: Ullstein-Verlag, 1981. S. 229-242. [Die Frau in der Literatur. Ullstein-Buch; Bd. 30118].

Bessire, François: La nature dans „Une Vie". In: Lectures de Unes Vie de Maupassant. Le thème du pessimisme. Hg. v. François Bessire. Paris: Eupho rion-Verlag, 1979. [Collections DIA / Diffusion Belin; Bd. 31]. S. 161-169.

Brown, Robert: Nature's hidden terror. Violent nature imagery in eighteenth-century Germany. Columbia: Camden House, 1952.

Duesberg, Peter: Idylle und Freiheit. Ein Entwicklungsmodell der frühromantischen Landschaft in der Wechselwirkung von äußerer und innerer Natur. Frankfurt am Main u.a.: Peter Lang-Verlag, 1996.

Ehrsam, Jean / Ehrsam, Véronique: Maupassant. Une Vie. Frankfurt am Main, Paris: Moritz Diesterweg-Verlag / Hatier-Verlag, 1986.

Flaschka, Horst: Goethes <<Werther>>. Werkkontextuelle Deskription und Analyse. München: Wilhelm Fink-Verlag. 1987.

Flemming, Willi: Der Wandel des deutschen Naturgefühls vom 15. zum 18. Jahrhundert Halle: Niemeyer-Verlag, 1931.

Foucart, Claude: Une Vie de Maupassant: Un paysage. Première Partie. In: Literatur in Wissenschaft und Unterricht. Hg. v. Paul Buchloh. Würzburg: Königshausen + Neumann-Verlag, 1974. H. 7. S. 88-96.

Grathoff, Dirk: Der Pflug, die Nussbäume, der Bauernbursche: Natur im themati-

sche Gefüge des <Werther>-Romans. In: Goethes <Werther>. Kritik und
Forschung. Hg. v. Hans Peter Herrmann. Darmstadt: Wissenschaftliche
Buchgesellschaft, 1994. S. 382-402.

Halperin, Josef: Maupassant, der Romancier. Zürich u.a.: Artemis-Verlag, 1961.

Hauger, Brigitte: Individualismus und aufklärerische Kritik. Johann Wolfgang
von Goethe: Die Leiden des jungen Werther. Friedrich Nicolai: Freuden
des jungen Werthers. Stuttgart: Klett-Verlag, 1987.

Hein, Edgar: Johann Wolfgang von Goethe. Die Leiden des jungen Werther:
Interpretation. 2. Auflage. München: Oldenbourg, 1997. [Oldenbourg
Interpretationen; Bd. 52].

Hübner, Klaus: Alltag im literarischen Werk. Eine literatursoziologische Studie zu
Goethes „Werther". Heidelberg: Groos-Verlag, 1982.

Marx, Friedhelm: Erlesene Helden. Don Sylvio, Werther, Wilhelm Meiste und die
Literatur. Heidelberg: Winter-Verlag, 1994. [Beiträge zu neueren Literatur
-geschichte; Bd. 139].

Müller-Salget, Klaus: Zur Struktur von Goethes <Werther>. In: Goethes <Wer-
ther>. Kritik und Forschung. Hg. v. Hans Peter Herrmann. Darmstadt:
Wissenschaftliche Buchgesellschaft, 1994. S. 317-337.

Poppe, Sandra: Visualität in Literatur und Film. Eine medienkomparatistische Untersuchung moderner Erzähltexte und ihrer Verfilmungen. Göttingen: Vandenhoeck & Ruprecht, 2007.

Schneider, Hans: Maupassant als Impressionist. Münster: Selbstverlag des Romanischen Seminars der Universität Münster, 1934.

Valette, Bernard: Le Symbolisme dans <<Une Vie>>. In: Analyses & réflexions
sur Guy de Maupassant. Une Vie. Ouvrage collectif. Paris: Ellipses, 1999.
S. 514-420.

Weipert, Simon: Die Novellen Maupassants: Versuch einer Werkimmanenten Typologie. Frankfurt am Main u.a.: Peter Lang-Verlag, 1989.